Cath & son chat

LE BEST OF

Yrgane Ramon

Yrgane Ramon
João Moura
David Lunven

Christophe Cazenove
Hervé Richez

BAMBOO ÉDITION

PREMIÈRE ÉDITION - Dépôt légal : septembre 2021 - ISBN : 978-2-8189-8935-7
Imprimé et relié en France par PPO Graphic, 91120 Palaiseau

Pour être alerté de la sortie du prochain album, rendez-vous sur **www.bamboo.fr/alerte-nouveaute**

PEFC 10-31-1800 / Certifié PEFC / Ce produit est issu de forêts gérées durablement et de sources contrôlées / pefc-france.org

Tiens, tiens... Il fonce chez la vieille dame d'à côté !
plop plop plop
Je comprends mieux...
Il est pour qui le bon jambon ?
mia !
Il connaît toutes les bonnes adresses !
C'est pour ça, P'pa, qu'il ne mange plus rien à la maison !
Tu m'étonnes, s'il fait la tournée des popottes !
BEURP
Restons positifs, ça va nous faire faire des économies de croquettes ! Hop... Dans le sac !
CROKETON
Tap Tap
MMMiiiiiiiiiiiAAAAAAAAA
Tu appelles quand même le vétérinaire ?
Non, un psy pour chat !

À la préhistoire, les hommes avaient déjà des chats...
MAOOOW
... et les chatières étaient adaptées à leur taille !
ROUAMIAAMIAAWWW
CHPOUF
CHPOUF
Flap FLAP
Dans les camps romains, chaton empruntait la même entrée que l'empereur...
En Égypte, en tant que divinité, matou avait droit à une chatière plutôt soignée...
Flip Flop Flip
Gratte Gratte
Au temps des chevaliers, il passait par le pont levis...
Et sur les plans de la muraille de Chine, une chatière était prévue tous les 100 mètres !
Peut-être ...
Je sais pas...
Si tu le dis ...
Oui mais non...
Pas pareil...
Mais P'pa, tous ses ancêtres ont eu des chatières GIGANTESQUES, il n'y a pas de raison qu'il n'y ait pas droit !
Je ne veux pas le savoir !
Tap Tap
tap tap

Arrête de remuer Sushi ! Ça ne fait pas mal !
C'est quoi que tu lui mets ?
Une pipette d'anti-puces particulièrement efficace !
Il a pas de puces, mon Sushi !
PAF
... SI !
Hi hi ! C'est vrai que c'est efficace !
Mais tu crois qu'il a un effet permanent, ton anti-puces, P'pa ?
Ce n'est pas indiqué sur la pipette... Ni sur la boîte d'ailleurs...
SLURP
SLURRRRRRP !
Ne cherche plus, elles, elles savent !
Ça ne doit pas durer très longtemps...
PONG
PONG
PONG

À TAAABLEe !
Aujourd'hui, mon gros chaton, tu ne mangeras pas ta boîte de pâtée !
MIIIAAÔÔÔW ?
J'ai vu un reportage sur internet, Pffiouuu... Ça ne donne PAS envie !
mih !
Conservateurs, colorants, bidules chimiques...
Des tas de choses qui ne sont pas forcément bonnes pour MON Sushi à MOI !
Bien... Bien Bien ! Qu'avons-nous là ?
Hoooo ! Je crois que j'ai trouvé...
Deux belles tranchounettes de rôti !
Ce sera bien mieux que les conserves, pas vrai ? Puis moi non plus, je n'ai jamais trop aimé les boîtes !
Ça par contre, c'est dommage !
Parce que les tranches de rôti... c'était un peu notre repas de midi !
monche monche MONCHE !
SUSHI
Bon, viande en conserve... Ça ira ?

BOUM
BOUM
BOUM
Qu'est-ce que ça donnerait si je mangeais mes croquettes…
YUM YUM
BOUM
SUSHI
… comme un éléphant, grâce à ma trompe ?
Ou avec toutes mes mains comme un chimpanzé ?
À l'aide de ma langue comme le caméléon ?
TIC
CHLURP
Ou bien en les aspirant à la façon des hippocampes ?
Mouais… Non… Pas trop pratique, tout ça !
Bon… Pour manger ses croquettes, il n'y a qu'une seule technique valable…
Celle du boa constrictor ! Lui au moins… il a tout compris !

Hum... C'est quand même pas mal...
J'assure aussi à la guitare...
HUM HUM
PLIM PLAM PLOUM
PLOUM PLAM
CHLING
CHRI CHRING
TOUTATOU BOUM TATOUTATOTATOUBOUM
TCHI TCHI TCHI
BOUM BOUM
TAMIAH
J'ai un vrai talent, c'est clair.
CHLINK
PROUT PROUT PROUT
Pouet Pouet
Le sens du rythme et tout ça...
Un virtuose, comme on dit...
TING TIK TOK
PLI PLOU PLOUM PLOK
Tiens, ça m'épate moi-même !
J'en peux plus de ces baballes avec grelots !!!
GAAAAH c'est INSUPPORTABLE !
C'est décidé, je deviens chat musicien à plein temps !

C'est toujours le STRESS quand on a rendez-vous !
HUMPF
HUMPF
HUMPF
À chaque fois, il me faut une nouvelle idée...
Panier à linge, déjà fait...
Bassine, trop classique...
Panier en osier, marche plus...
Seau en plastique, fait le mois dernier...
Casserole, trop compliqué...
Vous savez, c'est pas évident de trouver des astuces, comme ça, CLAC, sur commande !
Tap
Tap
Tap
... ET BIEN SÛR... rien sur le sujet sur Internet !
C'est en fouillant dans nos affaires de camping...
... que j'ai eu la révélation...
CHLWING
J'ai hurlé pour être sûr qu'il m'entende bien...
CAAATHHH
JE PRENDS LA GLACIÈRE POUR ALLER CHEZ LE « POISSONNIER » !!!
Il s'est jeté dedans directement...
BOUM
BOM
BOUF
Mais pour notre prochain rendez-vous, docteur, vous n'auriez pas une idée pour l'attraper ? Moi, je suis à sec...
ICI
LA BAS
HiHiHi
VÉTÉRINAIRE
Le stress...

Ah, tu ne veux pas aller dans ta caisse de transport ? On va bien voir qui est le plus malin !
TAP
Ça ne va pas être un jeu de piste, mais un jeu d'autoroute !
Tout en ligne droite !
Et un "Chaccourci" pour mon Sushi !
HA-HA-HA
Parce qu'il n'est pas un "rat" !
Quelques croquettes derrière la ligne d'arrivée, et dans les trois secondes, un chat tout docile sera dans cette caisse de transport et on pourra partir !
Que va faire maintenant notre gros chat avec les croquettes, Cath ?
Bah… Les manger…
MONCHE
MONCHE
MONCHE
SCRITCH
SCRATCH
MONCHE
MONCHE
MONCHE
MONCHE
MONCHE
MONCHE
... directement dans le sac !
PLOK
MONCHE
MONCHE
MONCHE
MONCHE
MONCHE

MIOUMFF
THON
HOP
?
THON
PLOP
POUÏK POUÏK POUÏK
?
?
CHPLOUF
THON
Ne t'inquiète pas, P'pa, je crois savoir pourquoi Sushi fait ça !
?
Parce qu'il est dingue ?
Mais noOon...
Il préfère chasser le thon dans son milieu naturel...
Un vrai fauve !
Dès qu'il remonte à la surface, je lui fais sa fête !

AKKRR
AKKRRR
AK AKKKR
AKR
?
Qu'est-ce qu'il a, ton chat, Cath ?
Ben, tous les chats font ça ! Il se purge en crachant une boule de poils !
Les chats, quand ils font leur toilette...
... avalent leurs poils morts...
MNIAP
MNIAP
MNIAP
Et, à un moment...
GROUIK
... il faut bien que cela ressorte !
AKKKR
AKKRR
GLOUK
AKKR
AKR
AKR
Ouf ! J'ai cru qu'il faisait ça parce qu'il a compris que tu vas devenir ma demi-soeur !
GLUPS
Ben quoi, toi aussi, t'as avalé des poils ?
?
AKKKKR
GLOUK
GLOUK
GLOUK
AKKRR
KRR
RHHA
RHA

Tu trouves vraiment que Sushi ne se dépense pas assez, Samantha ?
?
Monche Monche Monche
Vu que c'est un chat, il est normal qu'il passe la majeure partie de la journée à dormir, mais néanmoins...
Tu devrais l'inciter à courir un petit peu chaque jour !
Regarde tout le temps qu'il passe dans son panier à ne rien faire...
OUVÂÂÂWW
... excepté jeter un œil sur la fenêtre pour voir s'il y a quelque chose d'intéressant à regarder...
... tout en grignotant ses croquettes qui sont toujours à portée de patoune !
Ouais, Samantha à tout à fait raison, Cath !
Quoi ?
Monche Monche Monche
Plop
Pouët
Boing

Tap tap Tap tap tap Tap tap tap tap TAP tap TAP tap T.A.P.
Scritch
Scratch
C'est ici !
C'est ici quoi ?
... Le meilleur endroit pour installer une chatière ! Sushi ne se trompe jamais pour ça !
Miah !

On dit qu'un chat retombe toujours sur ses pattes...
Mais il n'y a vraiment que Sushi pour retomber toujours sur MES pâtes !

SusHidini
King of Escape
MesDAAAMesZé Messieeeurs
Ladyzzz & Gentleumêênn!
Tremblez pour le grand SusHidiniiiii !
Le roi de l'évasion, le plus grand magicien de tous les temps, va tenter un tour hors du commun !
PLOUUFFF
BLOU BLOU BLOUB
Enchaîné dans cette malle même pas étanche, SusHidini n'a que quelques minutes pour s'évader !
Car il sait, même s'il en a neuf, qu'il risque de perdre sa vie ici !
Hi!
Incroyableeee ! Esssstraordinaire !!! Il ne lui restait qu'une seconde d'osssygène !
SusHidini prouve qu'il est le plus graaaand magicien de tous les temps !
Qu'est-ce qu'il fabrique encore ?
Love AnimALL
Aidez ! SPA Donnez !
Protège notre NATURE
GROS
Destrucpensator
CROUSTI KROK
PATA KROK
PURI MIAM
Gluten FREE
On dirait qu'il essaie de crocheter la serrure...
Scritch
Kwoui
Scratch
klok
Clinique du Renard Bleu

Hmm… Bizarre, ça… Tous les jours à la même heure, Sushi sort de la maison…
Il traverse le jardin, contourne la palissade et se dirige vers le parc…
Je le suis depuis une semaine, mais je n'ai toujours pas réussi à savoir où il va…
Depuis une semaine, Cath sort de la maison à la même heure… Bizarre, ça !
Cette fois-ci, je ne la lâche pas !
RUE du loup
… Et ça fait plusieurs jours qu'il file comme ça, M'man !
Bien joué, Sushi, ils sont encore plus nombreux qu'hier !
HUMF

Alors mon Sushi, tu es rassuré ?
Tu te sens d'aller sur un vrai toit, maintenant ?
Reconnais que ton chat n'est vraiment pas normal, Cath…
MÂÔÔW !

Clinique
VIOUUMMMM
MMMMMiiiAAOUUU
Clinique Véto
Que se passe-t-il avec Sushi ?
Il n'arrête pas de miauler !
Clinique Vétérinaire
MIAAAOUUUUWOUHOUU
4
Ah, peut-être qu'il a mangé une souris de travers...
Mi!ah!
Sushi est le seul chat sur terre qui ne mange pas de souris !
Ou alors il est stressé.
Sushi est le seul chat au monde qui pourrait être maître zen !
OK. Et vous avez pensé aux puces ?
Les Tiques & Maladie de LYME
RENSEIGNEZ VOUS
A.S.V. du mois
Samantha vérifie tous les jours et des fois, elle lui passe même l'aspirateur !
Tension ok. Température itou. Pelage au top... !?...
TOU TOUM
TOU TOUM
COF COF
Mais, en fait, il va super bien ce chat !
Pourquoi vous l'amenez alors ?
Exactement !
MAAAWWW
Pour que vous le gardiez en observation !
MMAAOOO
Ouais. Histoire qu'on puisse juste dormir une nuit normalement.

SUSHI
monch monch
POF
Alors, ça avance ton exposé sur ton animal de compagnie ?
Il n'a rien fait de la journée, je vais avoir un gros zéro !!!

Je sais exactement comment il faut procéder lorsque l'on change l'alimentation de son chat !
C'est la fameuse méthode dite des 1/3, 1/2 et 2/3.
Tout d'abord on mélange 1/3 des nouvelles croquettes avec 2/3 des anciennes...
... ensuite, on fait moitié-moitié !
Puis, on met 2/3 des nouvelles croquettes avec 1/3 des anciennes...
Attends que j'aie fini, petit goinfre !
monch monch monch
Et pour finir on ne met plus que les nouvelles croquettes !
Comme ça ton chat a une nouvelle alimentation et il ne s'est pas aperçu du changement !
Je connais tout ça par cœur, je te dis, P'pa !
Alors si tu crois que je n'ai pas remarqué que tu as mis 1/3 de salsifis et 2/3 de frites !!!

C'est pour ça que le stock de croquettes baisse à vue d'œil ! Tous les chats du quartier viennent piquer dans la gamelle de Sushi !
Je savais que tu n'étais pas un glouton, mon Sushi !
MIAH !
Il ne nous reste plus qu'à retourner au magasin pour refaire le plein...
... et encore dépenser une fortune ? Sûrement pas !
Je me suis intéressé à ces fameuses croquettes, ça n'a pas l'air bien sorcier à fabriquer !
Désormais, je les ferai moi-même. Ça sera plus économique et bien meilleur !
On met la viande, le poisson, les légumes, les céréales. On fait revenir ! On remue...
... on passe à l'écumoire, on forme des boulettes...
... on cuit à four très chaud...
... et on sert !
SUSHI
C'est sûr qu'on n'est plus embêtés par les chats des voisins...
... mais on va quand même aller au magasin !
SUSHI

Papounet chéri,
il est 15 heures et je te rappelle
qu'on a rendez-vous chez...
Tic Tic Tic
SILENCE ! Ne dis rien !
Surtout ne dis rien !
Je te rappelle qu'on nous écoute...
?!
CHUHIII
Pfffff !
Même en langue des signes, il comprend
le mot "vétérinaire".

Chéri, il faudra que tu rappelles Olivier dans l'après-midi pour le rendez-vous !
Qui ça ?
Tu sais bien, le vétérinaire !
HIIINNN
Quand je serai grande, ça me dirait bien d'être vétérinaire !
... et cette étude montre que les croquettes de chez les vétérinaires sont les meilleures !
VIIIOUM
Dans ma classe, le surveillant va passer un examen pour devenir vétérinaire !
C'est tout à fait normal que notre Sushi détale en entendant le mot vétérinaire...
... mais un vétérinaire qui décampe en entendant le nom de notre Sushi, c'est déjà plus rare !
SPA.
CHI CHI CHI
Clinique Vétérinaire
HIII !

Oh oh ! Problème !
Du calme, Sam ! C'est un cadeau qu'il nous fait ! Ne va pas me le vexer !
Tu parles d'un cadeau...
Qu'est-ce qu'on est censés faire ?
Le remercier !
Meeerci, mon gros chat ! C'est bien ! Braaavo !
MMIIIAOU
Visiblement, il attend autre chose !
Oui, mais là je ne vois vraiment pas quoi...
FFFRRRR
Et donc, naturellement, votre Sushi vous ramène des p'tits oiseaux à soigner ?!
Je sais que ça paraît dingue ! Mais demandez à mon chat si vous ne me croyez pas !
TOC TOC

Ne vous êtes-vous jamais demandé comment votre chat voyait le monde ?
Tout ce noir c'est ce que, vous, humain, voyez la nuit...
Et sur cette image, c'est de cette façon que votre chat voit de son côté en pleine obscurité...
Car votre chatounet est un authentique nyctalope. Il voit clair la nuit ! Tandis que vous, comme ici, vous ne voyez absolument rien !
Votre chat peut donc se déplacer la nuit comme en plein jour grâce à la constitution de sa rétine.
Elle est tapissée de nombreux récepteurs sensibles à la lumière. Il laisse donc entrer un plus grand nombre de rayons lumineux ! De quoi en faire voir de toutes les couleurs...
C'est pour ça qu'il ne faut jamais laisser votre porte de chambre ouverte. Jamais...
BOÏNG BOÏNG BOÏNG
Sushi, je crois que je vais te transformer en rillettes...

Virgile, tu viens voir, s'il te plaît ?
SNOW
Voir quoi ?
Tu verras !
?
?
!?
CHPAM
HHAAAA?
Tu vois Sushi, quand je te dis que c'est dangereux de sortir aujourd'hui !
HHiiiHHOoOoHAAAAWWWTCHH
BAM

Non, Sushi ! Viens ici !
TAP TAP
Sushiii !!!
SHLAAAA
Arrête avec le poulailler ! C'est pas pour les gros chats !
Mais !?!
CHOUF
Mihihihi
Qu'est ce qui se passe, SuriCath ?
Il y a un gros souci avec mon chat, tonton Xavier ! Il doit en vouloir à vos poules !
En effet, il a vraiment un gros souci ...
... parce que mes poules, elles se balladent juste derrière !
POULES Hôtel
CHICHICHI !

COCKADOOOODLE !
Gnnnen peux plus !
Bon ! Opération "coupage de sifflet" !
FFOUM
Qu'est-ce que tu vas faire ?
Moi rien ! Mais Sushi va se faire un plaisir de régler le problème !
Pas vrai, mon chat ?
?
Et n'oublie pas, Sushi ! Un coq, c'est juste un canari un peu plus gros que la moyenne !
Bon appétit !
?
P'pa, tu as envoyé mon Sushi vers le coq ?
?
VLAM
Tu crois que je n'aurais pas dû, ma chérie ?
MMEEOOOWW
COCKADOOODLE
?
KÔA ?
COCKADOOODLEE
MEEEOOOWWW
Grosse erreur ! Là c'est clair, on ne dormira plus jamais !

SUSHI ! SUUUSHI !
Ton oncle nous a pourtant dit qu'il a vu mon Sushi derrière sa grange !
Bah oui, mais il n'arrête pas de bouger, aussi, ton chat !
Et puis regarde toutes ces bottes de foin ! Ça fait des cachettes géniales ! Sushi peut être n'importe où !
C'est fichu... Je ne le reverrai jamais...
Pas sûr ! Si Sushi s'est planqué dans une botte, il doit y avoir un détail qui la rend différente des autres, tu ne crois pas ?
Super idée, Virgile ! Qu'est-ce qu'on sait sur les bottes de foin ?!
Elles ont une forme arrondie ...
Elles font dans les deux mètres de haut...
Elles sont posées sur le côté...
Elles se déplacent toutes seules...
Hein ? Pas du tout !
Alors, c'est dans celle là qu'est planqué Sushi !

ZOUI
HII
SPOUIIIK
Encore une ! Bravo, mon Sushi ! Ça en fait 258 aujourd'hui !
Cath... tu sais que c'est toujours la même souris qu'il nous rapporte depuis ce matin ?
Évidemment...
... mais c'est trop rigolo de voir la tête que fait ton oncle ! Hihi !
258 souris !!! Moi qui croyais n'en avoir qu'une seule sur mon exploitation !!!

MMMEUUH
?!?
BOP!
Je ne connais pas ce meuglement ! Ce n'est pas une de mes vaches ! Sûrement une du voisin qui est entrée chez moi !
Et c'est grave ?
Disons qu'il est déjà persuadé que je lui pique des outils et des céréales, alors s'il voit une de ses vaches chez moi, il va vraiment me prendre pour un voleur !
MMMEEOOUUUH !
?
Ben ça alors ? Tu as bien entendu comme moi, Cath ?! Elle se cache où, cette vache ?!
Laissez tomber, tonton Xavier… il n'y a pas d'autre vache !
C'est juste mon chat qui est doué pour les langues étrangères !
GRRROUUUIIIK !
GRUUIK

VIRGILE, C'EST MON CHAT !
Rends-le-moi !
C'est pas ma faute ! Il est venu directement sur moi !
C'est sur moi qu'il devrait venir ! C'est MON chat !
Du calme, ma Cathounette.
Ça ne veut pas dire que Sushi ne t'aime pas, il choisit juste l'emplacement qui lui paraît le meilleur pour passer une bonne nuit !
VLAM
Tu parles !
Ok. Alors moi je dis, pas de jaloux. Sushi vient avec moi !
Et vous, dodo, maintenant !
Bonne nuit !
CLAK
Du calme, mon Nathounet. Ça ne veut pas dire que Sushi ne t'aime pas. Il choisit juste l'emplacement qui lui paraît le meilleur pour la nuit !
Tu parles !

Je ne la voyais pas comme ça, la photo de famille !
Tu as raison, serrez-vous un peu, on ne voit pas les moutons !
PHOTO DANS 5 S.

VETO
Votre chat devrait arrêter de manger des croquettes !
merci !
Ah… ah bon ?
C'est un peu radical, non ?
MIAH WOOF
On lui achète les meilleures qui existent, les "Bon Chapétit" !
Les plus chères, aussi !
Elles contiennent du poulet, des tomates, des courgettes, du jaune d'œuf et du persil pour le gout !
BON CHAPÉTIT
CROKI LICIOUS
Elles sont idéales pour les dents, le transit et préviennent toutes les vilaines maladies ! C'est ce qu'ils disent dans la pub !
Sans compter qu'on a acheté 15 sacs de 5 kilos d'avance ! Et vous voudriez qu'on cesse d'en donner à notre chat ?!!
Surtout qu'il adore cette marque !
BON CHAPÉTIT !
"Ils vous diRONRON MIARCi !"
Je crois que je me suis mal exprimé…
Je disais juste que ce serait bien qu'il arrête de manger ses croquettes pendant que je l'ausculte !
Oups !
Avec un rendez-vous à midi, faut pas s'étonner, non plus !
Monch Monch Monch
MIAH WOOF
POF

Tu sais, il y a plein d'activités qu'on peut faire avec son chat...
Le ping-pong... Le chat est super habile pour renvoyer la balle à coups de pattoune...
Le paddle. Les chats ont carrément plus d'équilibre que nous, les humains...
Il y a évidemment l'escalade. Si tu as du bon matériel...
L'équilibrisme aussi...
Le yoga est aussi une activité que tu peux faire avec ton chat.
Mais le Monopoly, non.
SCRATCH
SCRITCH
SCRITCH
SWING
SWING

Cath & son chat

CAHIER PÉDAGOGIQUE

en partenariat avec la SPA

AVOIR UN ANIMAL

Sais-tu qu'en France, des milliers d'animaux sont abandonnés tous les ans ? Trop de gens prennent un animal sans réfléchir et oublient les responsabilités et contraintes qui sont liées. Alors, pour éviter les abandons, il faut bien se renseigner et adopter de manière responsable.

Un animal n'est ni un jouet ni une peluche : c'est un être vivant sensible qui ressent des émotions, comme toi. Il aime qu'on prenne soin de lui.
C'est pourquoi il faut bien connaître ses besoins pour pouvoir les respecter. Il faut aussi penser aux coûts qu'il représente et au temps que tu peux lui consacrer, car il réclame chaque jour des soins, de l'éducation et de l'amour !

La SPA compte sur ses bénévoles, qui aiment les animaux plus que tout ! Refuge de Saint Pierre du Mont

L'ADOPTION À LA SPA

Ça y est, la décision est prise, ta famille va accueillir un animal. Vous en avez parlé tous ensemble et chacun est d'accord, vous vous êtes renseignés sur la responsabilité que cela représente, et vous avez réfléchi à l'animal qui correspond à votre mode de vie. Quelle est la prochaine étape ?

Certes, il y a des animaux dans les animaleries et parfois dans les magasins de jardinage, ou même sur internet, mais nous t'encourageons vivement à adopter un animal dans un refuge. **Les équipes qui y travaillent connaissent très bien les animaux et pourront te donner tous les conseils dont tu as besoin. Ils n'essaieront jamais de faire adopter un animal qui ne convient pas à la famille. L'animal sera identifié et stérilisé et tu auras toutes les informations sur sa santé.** Et surtout, tu feras une bonne action en offrant une nouvelle chance à un animal qui a été abandonné !

Pour aller adopter un animal, toute la famille doit être présente. On n'adopte pas un animal pour faire une surprise ou pour faire un cadeau ! Vous serez accueillis par un membre de l'équipe qui vous fera remplir une petite fiche de renseignements. Ensuite, on vous accompagnera jusqu'aux chatteries pour rencontrer les chats ou bien jusqu'aux boxes pour les chiens. C'est là qu'une belle rencontre pourra avoir lieu ! Si tu ne trouves pas d'animal à adopter du premier coup, ne te décourage pas et retournes-y plus tard : il y a très souvent de nouvelles arrivées aux refuges.

LES DÉTAILS PRATIQUES

- Au moment de l'adoption, tout doit être prêt pour accueillir ton animal : **litière, coussin, panier...**

- Tu dois venir au refuge avec ta **caisse de transport.**

- Une fois l'adoption faite, **on te donnera un sachet des croquettes** du refuge, pour faire la transition. Tu pourras lui en donner de nouvelles après quelques jours.

STÉRILISER ET IDENTIFIER

Si tu adoptes un animal ailleurs que dans un refuge, il faut demander à tes parents de le faire stériliser. La stérilisation est une intervention chirurgicale réalisée par le vétérinaire, qui a pour but de stopper la possibilité à un animal de se reproduire (donc pour une femelle d'avoir des « bébés »).

Faire stériliser ton chat ou ton chien est un acte de protection et ne peut avoir que des effets bénéfiques ! La stérilisation évite certaines maladies, diminue les comportements agressifs et les fugues.

C'est vrai que les chatons et les chiots sont mignons, et tu pourrais trouver cela “dommage” que ton animal n'en ait pas. Mais des millions de chatons et de chiots non désirés naissent déjà tous les ans ! Ils risquent d'être abandonnés, de ne pas trouver de maître, de tomber malades... C'est pour cela qu'à la SPA, nous stérilisons tous les animaux que nous recueillons dans nos refuges.

Ton animal devra aussi être identifié : s'il se perd, cela t'aidera à le retrouver ! Le tatouage laisse progressivement place à la puce électronique. Cette petite puce, grande comme un grain de riz, est généralement insérée dans le cou de l'animal, au niveau de la jugulaire. Ne t'inquiète pas, c'est indolore ! C'est le vétérinaire qui identifie les animaux.

Les données qui figurent dans la puce ou sur le tatouage concernent ton animal et ses propriétaires. Elles sont inscrites dans un fichier informatique géré par **le fichier national d'Identification des carnivores domestiques (I-CAD)**. Avec tes parents, veille toujours à avertir l'I-CAD si tu déménages ou si tu changes de numéro de téléphone pour être sûr qu'on puisse vous retrouver si un jour ton animal s'échappe.

LE SAVAIS-TU ?

Un seul couple de chats non stérilisés peut avoir jusqu'à 20 000 descendants en quatre ans !

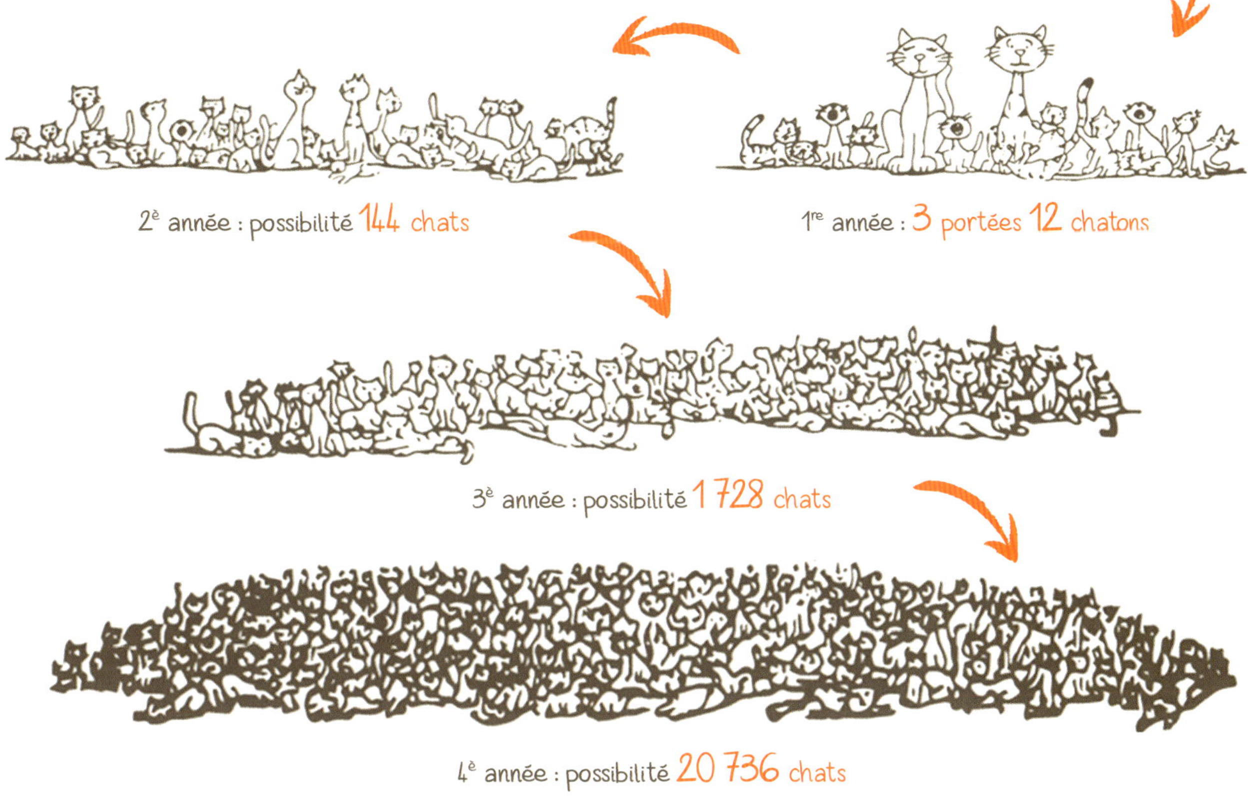

BIEN ACCUEILLIR SON CHAT

10 CONSEILS POUR ÊTRE HEUREUX AVEC TON CHAT !

1 **Donne lui accès à de l'eau fraîche et à de la nourriture** en libre-service en permanence. Le chat est un grignoteur.

2 **Installe-lui une litière dans un endroit calme** suffisamment éloigné de sa gamelle et de son panier. Pense à la nettoyer quotidiennement et à la changer une fois par semaine.

3 **Donne-lui tous les soins :** vaccins, vermifuges et antipuces régulièrement, surtout s'il a accès à l'extérieur.

4 **Respecte le calme de son sommeil** et installe-lui un panier confortable. Le chat dort environ 13h par jour et a besoin de tranquillité.

5 Les chats qui vivent en appartement sont le plus souvent en manque d'activité stimulante. Il est donc important de pallier ce manque **en jouant avec lui** et en enrichissant son environnement avec des **jeux**, des objets même très simples et des espaces aménagés, notamment en hauteur, où il peut se cacher et observer.

6 **Fais attention aux fenêtres ouvertes**, le chat est un grimpeur qui ne mesure pas bien les distances et peut tomber.

7 **Prévois un griffoir**, car le griffage est un comportement et un besoin naturel chez le chat.

8 **Attends qu'il vienne lui-même réclamer un câlin** et caresse-le là où il te montre. Il a tendance à sortir les griffes quand il est câliné, c'est un comportement naturel, ne le sanctionne pas. Pense simplement à t'équiper d'une couverture pour protéger ta peau.

9 **Attention aux plantes vertes et aux bouquets de fleurs :** certaines sont très toxiques pour les animaux !

10 **En cas de déménagement**, laisse-le dans la maison le temps qu'il apprivoise son nouvel environnement avant de le laisser sortir.

LE LANGAGE DU CHAT

Le chat communique avec toi par le biais de son corps. Il faut être particulièrement attentif à la posture de ses oreilles et de sa queue. S'il les tient droites et orientées de chaque côté du crâne, c'est qu'il est détendu et apaisé. Bien plaquées contre la tête et repliées vers l'arrière : méfiance ! Le chat peut cracher ou émettre différents miaulements qu'il faut savoir interpréter selon qu'ils sont aigus, doux, longs, insistants, forts. **Apprendre à comprendre le langage corporel du chat te permet de « lire » ses émotions** selon qu'il est heureux, excité, fâché ou troublé.

Le chat est une espèce solitaire et territoriale. À la différence du chien qui vit en groupe, le chat identifie son domaine vital et certains le défendent plus que d'autres. Dans un jardin, il peut par exemple se battre avec ses congénères pour montrer qu'il est chez lui. À la maison, le chat aime pouvoir s'isoler s'il en ressent le besoin. C'est indispensable pour une cohabitation harmonieuse avec d'autres chats.

Garde à l'esprit que **le chat est très sensible aux changements et aux odeurs.** Il n'aime pas les déménagements et changements dans le foyer. Il peut être perturbé par des changements qui nous semblent mineurs, mais qui peuvent entraîner chez lui des troubles du comportement (nouveau membre de la famille, réaménagement de meubles, changement de panier, nouveau produit ménager, etc.).

LES CONSEILS DE PRO POUR LES DÉPARTS EN VACANCES

SI TU PARS EN VACANCES AVEC TON ANIMAL :

- Assure-toi que les animaux sont acceptés sur le lieu de destination.
- N'oublie pas de te munir du passeport de ton animal où sont renseignées son identification et la date de son dernier vaccin contre la rage pour circuler dans l'Union européenne.
- Renseigne-toi sur les différents modes de transport (train, avion, bateau).
- Prévois une trousse à pharmacie.
- Ne lâche jamais ton animal dans un environnement inconnu (risque de fugue, surtout pour le chat).
- Vérifie que la puce électronique est bien associée à tes coordonnées dans le fichier de l' I-CAD.

SI TU CONFIES TON ANIMAL À QUELQU'UN :

- Assure-toi de choisir un lieu de garde adapté à la personnalité de ton animal (famille, ami, pension, garde à domicile, etc.)
- Repère les lieux et rencontre les personnes responsables avant de le confier.
- Laisse tous les documents médicaux à la personne en charge de sa garde ainsi que tes coordonnées pour te contacter en cas de soucis.
- Vérifie que la puce électronique est bien associée à tes coordonnées dans le fichier de l' I-CAD.

ANIMAL PERDU OU ANIMAL TROUVÉ

SI UN JOUR TU PERDS TON ANIMAL, NE TE DÉCOURAGE PAS !

Les animaux errants, c'est-à-dire ceux qui se trouvent dans un lieu public sans leur maître, sont recueillis par les fourrières. **C'est le maire qui est responsable des animaux errants dans sa commune.** En contactant ta mairie, tu pourras savoir où sont pris en charge les animaux retrouvés seuls dans la rue.

La fourrière prend en charge et s'occupe des animaux errants. Elle recherche leurs propriétaires et leur rend les animaux réclamés. La fourrière a un délai de 8 jours ouvrés (ça veut dire qu'il ne faut pas compter le samedi et le dimanche) pour contacter le propriétaire en consultant le fichier I-CAD grâce au tatouage ou à la puce électronique.

LES BONS RÉFLEXES :

- Contacte l' I-CAD, la mairie, la fourrière, les vétérinaires, les refuges, le commissariat...
- Pense à appeler aussi les fourrières des communes autour de chez toi : les animaux peuvent s'éloigner de l'endroit où on les perd.
- Déplace-toi à la fourrière, avant les 8 jours !
- Distribue des affiches chez les commerçants, les vétérinaires et mets des annonces dans les journaux locaux et sur les réseaux sociaux.

ET SI TU TROUVES UN ANIMAL QUI SEMBLE PERDU ?

Tu ne peux pas tout de suite décider de garder un animal trouvé dans la rue ! Peut-être qu'il s'est échappé de chez lui et que son maître le cherche ? Avant d'envisager de le garder, il faut faire toutes les démarches pour tenter de retrouver son maître.

Si l'animal ne se laisse pas approcher :

Laisse-le tranquille ! Si tu insistes, tu risques de le mettre en danger : par peur, pour fuir, il risque de s'échapper encore plus en traversant des routes dangereuses où il peut se faire renverser. Tu te mettras toi aussi en danger par la même occasion... Contacte la mairie de la ville où tu as trouvé l'animal, elle pourra te transmettre les coordonnées de la fourrière afin qu'un professionnel se charge de le récupérer.

Si l'animal se laisse approcher :

Regarde dans un premier temps si l'animal porte un collier/harnais avec une médaille où pourrait être gravé le numéro de téléphone du propriétaire de l'animal. S'il n'a pas de médaille, il faut trouver un professionnel qui dispose d'un lecteur de puce. Tu peux demander à tes parents de l'emmener chez le vétérinaire. Tu peux également l'emmener directement à la fourrière du lieu où tu l'as trouvé, mais contacte-les avant de te déplacer (pour connaître les coordonnées, rapproche-toi de la mairie de la ville où tu as trouvé l'animal).

Saint Pierre du Mont. Les jeunes participent activement aux missions de la SPA en s'occupant des animaux.

LA SOCIÉTÉ PROTECTRICE DES ANIMAUX

Nous sommes une association qui recueille les animaux abandonnés, les nourrit, les soigne, pour ensuite les proposer à l'adoption et leur trouver une nouvelle famille.

La SPA a été créée en 1845. Notre premier combat concernait la protection des chevaux maltraités par les cochers parisiens. Au fil du temps, notre action s'est développée et notre intérêt s'est porté également sur les autres espèces animales, en particulier nos plus proches compagnons les chiens et les chats.

Aujourd'hui, **la SPA recueille 40 000 animaux par an dans ses 62 refuges et maisons SPA** : des chats, des chiens, des chevaux, mais aussi des lapins, des souris, des chèvres, des ânes... Parce que nous aimons tous les animaux, nous voulons les protéger et veiller à leur bien-être.

En plus de recueillir les animaux et de les aider à être adoptés, la SPA lutte contre la maltraitance. Il y a plusieurs façons de maltraiter un animal : en lui faisant du mal directement (le frapper, le blesser...), mais on peut aussi faire souffrir un animal par négligence (ne pas lui donner à boire, à manger, le laisser enfermé dans une cave, attaché à une laisse trop courte...). Heureusement, la loi punit les personnes qui font du mal aux animaux.

Maintenant, tu sais plein de choses sur la SPA et la protection des animaux ! **Tu peux toi aussi nous aider à les défendre, en commençant par bien t'occuper des animaux qui t'entourent.**

L'INFO EN +

Tu peux aussi t'engager auprès des animaux abandonnés, en rejoignant un des **Clubs Jeunes de la SPA**. Ils t'accueillent à partir de 11 ans et jusqu'à 17 ans ! Tu pourras découvrir le fonctionnement d'un refuge, les soins apportés aux animaux, les bons gestes... Et devenir à ton niveau un défenseur des animaux. Si cela t'intéresse, tu peux te renseigner sur le site internet de la SPA.

la SPA
Protectrice des Animaux depuis 1845

Ce cahier pédagogique a été réalisé en partenariat avec La Société Protectrice des Animaux - **www.la-spa.fr**